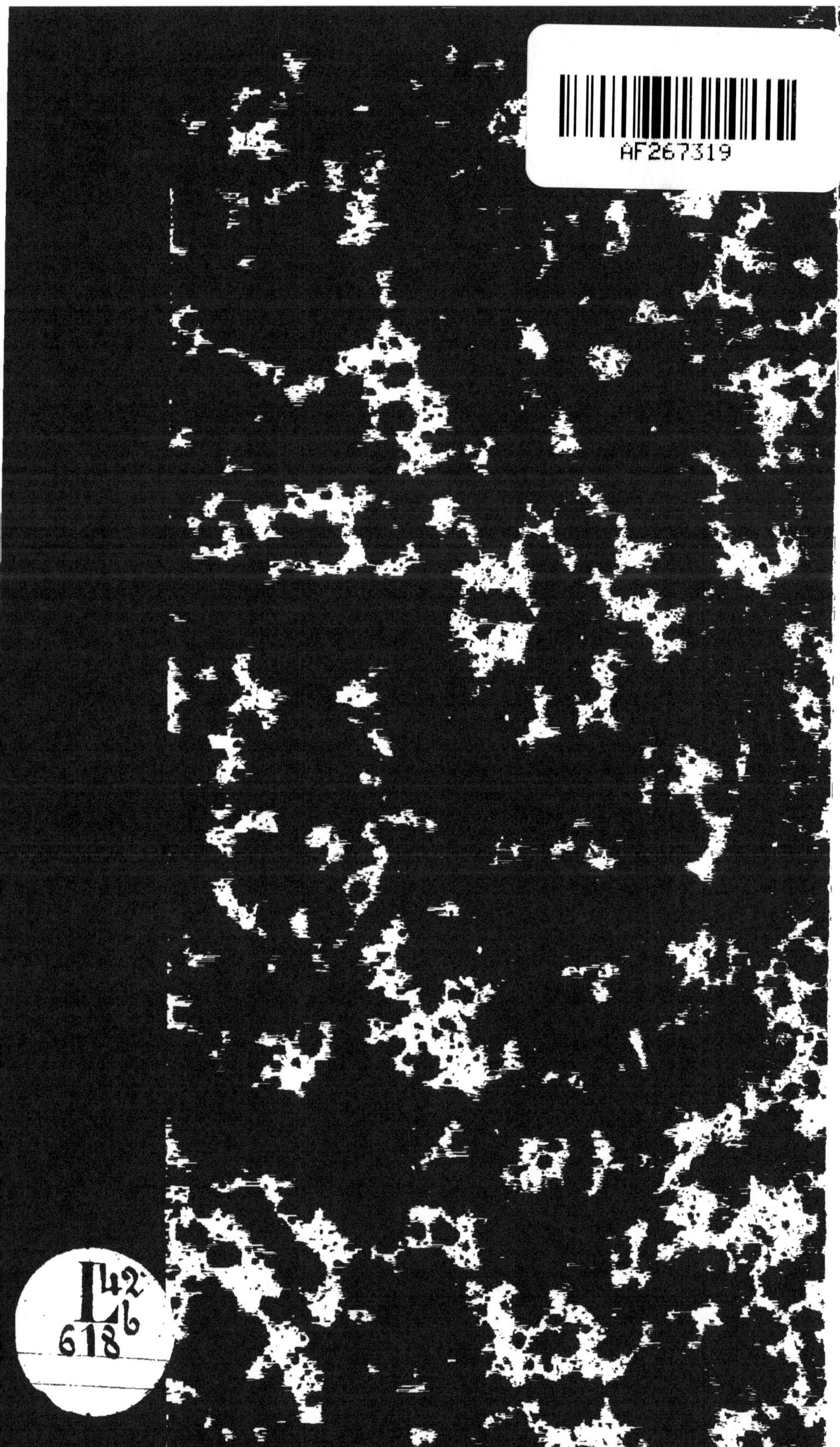

FÊTE

DE

LA VIEILLESSE.

Rei bonæ vel vestigia delectant.

PHÆD.

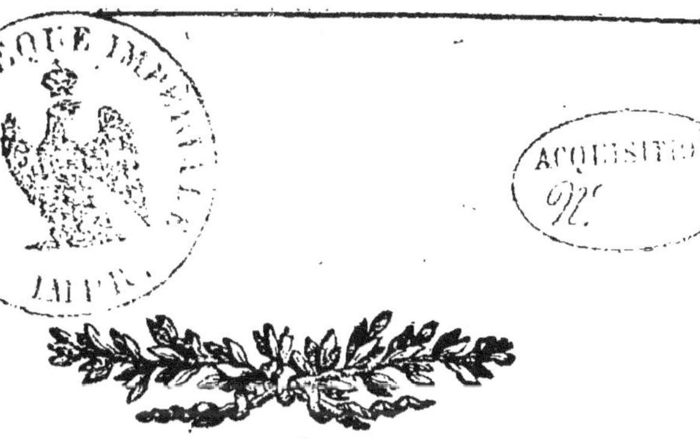

PARIS,

AN 6 DE LA RÉPUBLIQUE.

Extrait du registre des delibérations, séance du 12 fructidor an 6 de République française, une et indivisible.

L'administration municipale,

Considérant le zèle empressé es le vif intérêt que plusieurs citoyens ont apporté à la célébration de la fête de la vieillesse,

Oui le commissaire du Directoire exécutif,

Arrête qu'il sera adressé des remercîmens,

1º. Au général en chef de la dix-septième division militaire, qui, outre un détachement d'infanterie de la vingt-huitième demi-brigade et un de cavalerie du deuxième régiment d'hussards, avoit encore envoyé la musique de la vingt-huitième demi-brigade;

2º. Aux artistes du théâtre de la République et des Arts, qui ont embelli la fête de leurs talens;

3º. Aux citoyens Verron et Guillaume fils, instituteurs, dont les élèves ont, dans divers exercices, captivé l'attention des assistans;

4º. Au citoyen Vigier, qui a été chargé de diriger les préparatifs de la fête, et qui s'en est acquitté avec zèle et intelligence;

Arrête, que les employés de ses bureaux seront appelés dans son sein pour leur témoigner sa satisfaction de la maniere dont ils ont secondé ses intentions et concouru à l'exécution de la fête.

Arrête encore, que le procès-verbal de la fête, qui vient d'être approuvé, sera imprimé au nombre de douze cents exemplaires, pour être adressé aux autorités constituées.

Il y sera joint extrait de la présente délibération.

Signé au registre, COURTOIS, président par *interim*; LESUEUR, HUYOT, PORCHÉ, administrateurs; et TOBIE, commissaire du Directoire exécutif.

Pour extrait conforme,

Signé, F. RICOU, secrétaire en chef.

PROCÈS-VERBAL

DE LA FÊTE

DE LA VIEILLESSE,

Célébrée au chef-lieu de l'arrondissement.

L'AN SIX DE LA RÉPUBLIQUE FRANÇAISE, une et indivisible, à huit heures du matin, les citoyens Guebert, président ; Lesueur, Huyot, Courtois, Porché et Prouteau, administrateurs ; et Tobie, commissaire du Directoire exécutif, se sont réunis au lieu ordinaire des séances.

Les jeunes élèves des différentes écoles de l'arrondissement, avec leurs instituteurs et institutrices, les détachemens des 13, 14 et 15ᵉ. brigades de la garde nationale sédentaire, un détachement d'infanterie et la musique de la 28ᵉ. demi-brigade, ainsi qu'un détachement du 2ᵉ. régiment d'hussards, un détachement des élèves trompettes, un détachement de vétérans de la garde nationale, les vieillards qui avoient été invités à la fête, des artistes demeurant sur l'arrondissement, les membres des comités de bienfaisance, les commissaires de police, et les juges de paix, assesseurs et greffiers, sont successivement arrivés.

A neuf heures et demie, il a été formé deux députations, chacune de seize élèves de l'un et de l'autre sexe, parmi ceux qui se sont le plus distingués ; elles étoient présidées, l'une par un officier municipal, l'autre par deux ; elles étoient environnées d'un détachement de la garde nationale et précédées d'un corps de musique militaire. Elles sont allées en cortège attacher aux portes des vieillards désignés, des guirlandes avec des inscriptions portant leurs noms et ces mots : *Respect à la Vieillesse.* Elles étoient encore chargées de prendre les vieillards et de les amener au boulevard Martin, en face de l'ancien Opéra.

Immédiatement après s'est formé le cortège principal, ainsi qu'il suit :

En tête un peloton de cavalerie, précédé de son trompette ;

Suivoient les élèves trompettes, qui précé-

(5)

doient un détachement de la 28e. avec ses
tambours ;

La garde nationale, formée en haie sur la
droite et sur la gauche, renfermoit le cortège ;

Les élèves des deux sexes des écoles pri-
maires et autres, rangés sur deux files, accompagnés de leurs instituteurs et institutrices,
avoient au milieu d'eux les vieillards invités ;

Le livre de la constitution de l'an 3, porté
sur un trophée par deux jeunes citoyens,
précédoit de jeunes élèves des deux sexes
qui tenoient des corbeilles de fleurs, et au
milieu, un jeune citoyen portoit une bannière
sur laquelle on lisoit : *Respect à la Vieillesse* ;

Suivoit un détachement de la garde nationale
avec son drapeau ;

Venoient ensuite les membres des comités
de bienfaisance ;

Les juges de paix, assesseurs et greffiers ;

Les administrateurs, le président de la municipalité, et le commissaire du Directoire
exécutif, environnés des vétérans de la garde
nationale ;

Les vieillards invités, les membres des
comités de bienfaisance et des autorités constituées, avoient chacun à la main un bouquet
de fleurs.

Un détachement de la garde nationale, avec
drapeaux ;

(6)

Un détachement de la 28e., et un peloton de cavalerie fermoient le cortège ;

Les employés, ayant un ruban tricolore au bras, dirigeoient la marche.

Ce cortège s'est ainsi rendu, par la rue Laurent, le faubourg, la porte et le boulevard Denis, à l'ancien Opéra, pour y recevoir les vieillards et y faire la réunion générale.

Après que le cortège a eu défilé devant eux, ils ont été invités à se placer immédiatement avant la municipalité ; un corps de musique a été placé en tête du cortège, et l'autre, avec les tambours de la garde nationale, a été placé en avant du livre de la constitution : le reste des deux députations s'est réuni, chacun au corps auquel il appartenoit.

La marche n'a point été arrêtée ; elle a continué par la porte et le faubourg Martin, jusqu'au temple Laurent, qui avoit à cet effet été décoré de tentures et de drapeaux tricolores.

A l'entrée dans le temple, l'orgue a exécuté un grand morceau de musique.

Chacun s'étant placé d'après les dispositions adoptées, les vieillards, désignés comme le principal objet de la fête, ont pris place à la droite et à la gauche du président.

Il a été exécuté un morceau par la musique.

Après un bruit de tambours et de trompettes, le président a prononcé le discours suivant :

C I T O Y E N S ,

« C'est par des institutions simples, prises dans la nature même de l'homme, que les législateurs éclairés s'appliquèrent dans tous les tems à resserrer les liens de l'association générale. Lycurgue, qui donna des lois à Sparte, plaça le respect pour la vieillesse en tête des devoirs les plus essentiels ; il vouloit faire rendre à cet âge respectable une sorte de culte. Un vieillard cherchoit une place dans les jeux olympiques, des jeunes gens l'appelèrent comme pour lui en offrir une, et le couvrirent de huées lorsqu'il fut auprès d'eux. Les ambassadeurs des Lacédémoniens voyant ce manque de respect, se levèrent aussitôt, appelèrent le vieillard et le placèrent honorablement au milieu d'eux. Cette action ayant excité des applaudissemens universels : Grand Dieu ! s'écria le vieillard, *tous les Grecs connoissent la vertu, mais les Lacédémoniens seuls la pratiquent.*

» La fête qui nous rassemble a pour objet le respect que l'on doit à la *vieillesse* ; tous les peuples civilisés, comme ceux que nous nommons sauvages, éprouvent à son aspect cette espèce de sentiment religieux que la nature a placé pour elle dans le cœur de l'homme ; la corruption n'avoit pu l'éteindre entièrement, quand une prétendue convenance d'honnêteté publique retenoit au moins encore le dernier terme de la dégradation, et substituoit en quelque façon le masque de la vertu à la vertu même. Un de nos derniers tyrans demandoit à un vieux guerrier, lequel il préféroit du siècle qu'il avoit en partie parcouru, ou du nouveau siècle où il vivoit encore. Celui-ci, pour toute réponse, lui dit : *J'ai passé ma jeunesse à respecter les vieillards, et il faut que je passe ma vieillesse à respecter les enfans.*

» Ce cri de douleur annonçoit la pente des mœurs, et appeloit déjà un autre ordre de choses.

» Il appartenoit en effet à une législation nouvelle, qui avoit pour but de rendre à l'homme sa dignité, en le rappelant à la nature, de venger celle-ci des cruels effets des institutions fondées sur le mensonge ou la tyrannie, qui ne tendent qu'à la dénaturer. Il lui appartenoit de rattacher l'homme à son semblable, par l'homme même ; de renforcer son ouvrage par la puissance des institutions chères aux cœurs honnêtes ; de s'emparer de tous les sentimens généreux, pour les diriger vers le même but, et nous conduire par une route plus sûre à une régénération plus complette.

» Le code sacré de notre constitution, en réorganisant l'état social sur les grandes idées de la morale, a consacré à la vieillesse le tribut que l'on doit à la sagesse et à l'expérience. Dans nos assemblées politiques, le plus âgé en est de droit le président provisoire, et souvent le choix libre des citoyens lui confirme l'honneur qui n'étoit en principe que l'effet du hasard. Dans les deux conseils qui balancent les destinées de la République, le pouvoir de convertir en lois les résolutions de l'imagination, en quelque sorte, et de la jeunesse, est réservé à l'âge de la maturité et de la raison; le conseil des anciens est l'assemblée des vieillards; et ce bel ordre n'est point un pur méchanisme produit sans dessein. Par-tout l'âge avancé est honoré; sous les armes et sous le titre de vétérans, il forme une garde particulière aux autorités constituées; avec la qualité de citoyen, il a la place d'honneur aux fêtes républicaines.

» Chacune de ces fêtes rappelle l'homme à ses devoirs par les sentimens d'union, de concorde et d'amour. C'est dans cet esprit que le législateur prend l'homme presqu'à sa naissance, pour lui enseigner les devoirs qu'il est appelé à remplir un jour au milieu de la société; qu'il inscrit solemnellement la jeunesse sur le livre de la cité; qu'il consacre par une fête touchante l'union légitime des époux ; qu'il immortalise les époques qui font re-jaillir sur chaque Français la gloire d'une nation grande , magnanime , ayant conquis sa liberté au prix de dix années de tra-vaux.

» Il n'a point oublié ceux qu'une longue carrière et l'exercice des vertus sociales rendent chers à tant de titres. S'il a jetté des regards de complaisance sur l'homme entrant à la vie, il se complaît aussi à accorder à l'homme prêt d'atteindre le but, un prix à l'accomplisse-ment de tous les devoirs. Il nous invite à nous retracer dans un spectacle attendrissant la dignité avec laquelle le *vieillard* a parcouru l'intervalle qui sépare ces deux termes, et nous offre une grande leçon contre les agitations qui viendroient pour nous en troubler le cours. O mes concitoyens ! Le plus beau triomphe est celui de la vertu paisible et douce qui naît de l'habitude du bien , plutôt que celui de quelques actes particuliers dont l'éclat est sou-vent terni par un alliage étranger. C'est pour les magistrats un devoir touchant d'offrir en ce jour, dans toute la République , les plus distingués des vieillards en exemple à leurs concitoyens. Que ne pouvons-nous, autrement que par un coup-d'œil rapide, nous arrêter, avec les respectables objets que nous présen-

(11)

tons à vótre imitation , sur la carrière qu'ils
ont remplie !

» Ici , c'est un citoyen recommandable par
ses malheurs autant que par ses services , qui ,
pendant trente ans , se rendit utile à son pays
en formant des élèves dans une branche es-
sentielle des sciences , *les mathématiques* ; à
qui il ne reste , dans un âge encore occupé ,
que le souvenir du bien qu'il a fait , et qui
a mérité tout notre intérêt sous ce double
rapport.

» Plus loin , vous voyez un agriculteur ,
courbé sous le poids des ans et de ses longs
travaux , qui , dans le cours de seize lustres ,
ne connut d'autre art , en demandant à la terre
le fruit de ses sueurs, que celui de donner à
une nombreuse famille l'exemple à-la-fois du
travail le plus intéressant et de la plus intègre
probité.

» Contemplez , d'un autre côté , ce brave
militaire qui passa sa vie à l'exposer sans cesse
dans les combats , pour la défense de son pays
et de ses concitoyens. Les cicatrices qu'il porte
sur son corps sont le fruit de sa bravoure.
Comme il doit aimer à se retracer les services
honorables qui appellent la reconnoissance
publique ! Encore quelques jours , et le tems
qui s'envole aura blanchi le front des héros
vainqueurs de l'Europe coalisée. Différens de

ces mercenaires ne servant des maîtres que pour river les fers qui les enchaînent , nos intrépides défenseurs sont encore dans l'attitude que donne à ses soldats le génie de la liberté.

» Ils appellent leurs enfans et les nôtres au champ de la gloire, et leur offrent de grands exemples à imiter.

» Ainsi , la Grande Nation a fixé à jamais la victoire sur les pas de ses invincibles guerriers, et la patrie , autant que leurs trophées, créent une filiation de héros toujours prêts à voler à sa voix au poste de l'honneur. Envain l'égoïsme lâche et rampant , secondé par l'affreux fanatisme, s'efforce d'ébranler les principes et veut faire dominer l'intérêt particulier sur l'intérêt de tous. La souveraineté des nations est impérissable ; l'autorité des rois n'est que précaire et conditionnelle. La liberté est éternelle.

» Les vertus mâles et héroïques ne sont pas les seules dignes de nos hommages. Nous devions offrir aussi à votre vénération les objets touchans qui ont une autre sorte de courage et qu'accompagne une gloire plus douce. Ce sont d'estimables citoyennes qui ont constamment pratiqué, pendant une longue suite d'années, l'exercice des vertus domestiques. Epouses et mères, que de titres elles ont à la reconnoissance ! Ce sont elles qui nous donnent le jour au péril de leur propre existence ; ce sont leurs soins compatissans qui accompagnent et soutiennent notre enfance ; leurs inquiètes sollicitudes suivent en tremblant la jeunesse dans le tourbillon des passions orageuses ; elles deviennent nos compagnes, partagent nos travaux et nos plaisirs, font succéder les douces flammes de l'amitié aux feux trop souvent impétueux de l'amour, consolent nos vieux jours et charment encore nos derniers instans. Quels sentimens ne devons-nous pas à tant de vertus !

» Avec quelle effusion de tendresse il doit être permis à tous ces citoyens recommandables de parcourir en esprit, au milieu de nous, une carrière qui les rattache à tous les sentimens aimables et ne leur offre que des souvenirs pleins de douceurs ! Pères, époux, amis, citoyens, ils ont goûté tous les biens, en s'acquittant de toutes les obligations attachées aux différens rapports sous lesquels ils ont successivement vécus.

» Heureux vieillards ! ils ne manquoit à votre bonheur que de recevoir l'hommage public que vos concitoyens doivent à soixante ans et plus de vertus. Agréez-le en ce jour ; voyez vos concitoyens, vos amis, ces jeunes gens et ces enfans, l'appui de votre vieillesse,

les magistrats qui s'honorent de votre pré-
sence, attendris, empressés, vous serrer dans
leurs bras, ne pouvant retenir l'élan de leur
amour et de leur reconnoissance. Vous ne
mourrez pas tout entiers, vous vous survivrez
à vous-mêmes ; la grande société, par une
adoption solemnelle, devient en quelque sorte
votre famille. Vos noms chéris seront pour
ceux qui vous contemplent un héritage de
gloire, et l'exemple, le souvenir de vos vertus,
ils le transmettront à leurs derniers neveux.

» Jeunes citoyens, enfans aimables, voyez
ces chevaux blanchis dans une longue carrière ; ces fronts vénérables vous commandent
le respect. Un jeune homme respectoit davan-
tage à Sparte un simple citoyen plus âgé que
lui, qu'un magistrat de son âge. *La vieillesse*
est une sorte de magistrature qui s'exerce par
l'influence de la vertu. Vous deviendrez pères
aussi, et les sentimens dont vos enfans vous
auront vu pénétrés pour *la vieillesse*, seront
le garant des sentimens qu'ils conserveront
pour vous. Voyez en ce jour tous les cœurs
voler au-devant de la sagesse et de l'expérience pour les fêter ; vous devez leur être
soumis, parce qu'elles connoissent tous les
écueils de la vie et qu'elles s'empressent de
diriger vos pas dans la route qui conduit au
bonheur. Suivez ses conseils.

» Ecoutez le vieillard qui propose à ses fils de rompre des dards en faisceau. Ceux-ci s'efforcent en vain, parce que les dards sont réunis. Le vieillard les sépare et les brise sans effort.

Vous voyez, leur dit-il, l'effet de la concorde :
Soyez joints, mes enfans ! que l'amour vous accorde !

» L'ame a besoin de se reposer sur une idée si douce ; le cœur s'attache par l'intérêt touchant que l'âge avancé porte à la jeunesse. Semez donc de fleurs les jours de la vieillesse ; honorez-la ; soyez à jamais pénétrés pour elle de ce sentiment profond dont jadis étoit animé un citoyen de votre âge, qui, voyant des hommes portés dans des litières pour aller à la campagne, s'écrioit : *A Dieu ne plaise que je sois jamais assis en un lieu d'où je ne puisse me lever à l'aspect d'un vieillard !*

» *Vive la République !* »

Ce discours a été accompagné de nombreux applaudissemens et des cris répétés de *vive la République !*

Les couplets suivans, du citoyen Piis, sur la vieillesse, ont été chantés par un artiste que son épouse accompagnoit sur l'orgue, et les accens vivement sentis d'une voix brillante qui se marioit à la douce mélodie de l'instrument, touché avec goût, ont ému

tous les cœurs , déjà disposés à l'attendrissement :

A i r : C'est un enfant.

Il est des chênes respectables
Que le fer ne toucha jamais ,
Et dont les cîmes vénérables
Sont l'orgueil des vastes forêts.
    A la République ,
    Quel ombrage antique
Fait plus d'honneur , à tous égards ,
    Que les viĕillards ?   (*bis.*)

On est sur le champ de bataille
Par un vieux chef encouragé ;
En mer , au loin s'il faut qu'on aille ,
On préfère un pilote âgé.
    Par la prévoyance ,
    Par l'expérience ,
Qui sert à la loi de rampart ?
    C'est un vieillard.   (*bis.*)

Bergers malins , simples bergères ,
Qui dans les bois cueillant des fleurs ,
Perdez à des danses légères
Des momens précieux ailleurs :
    Jeunesse volage ,
    Qui peut à l'ouvrage
Vous rappeler d'un seul regard ?
    C'est un vieillard.   (*bis.*)

Laissons l'ambitieux jeune homme ,
Qui croit avoir tous les talens ,
Solliciter pour qu'on le nomme
Aux postes les plus importans ;

Tâchons que les places,
Les honneurs , les grâces
Aillent chercher , même à l'écart,
L'humble vieillard.   (*bis.*)

Par malheur , un jour sur la terre,
Si la morale s'égaroit ,
Chez les savans , avec mystère ,
Lorsqu'en ville on la chercheroit ,
Sûr de mon voyage ,
J'irois au village
La retrouver au cœur sans art
D'un bon vieillard.   (*bis.*)

L'homme est un livre dont le titre
Est à-la-fois simple et riant ,
Et qui , de chapitre en chapitre ,
Offre un détail intéressant ;
Mais la table sage ,
La dernière page ,
Que l'on consulte , hélas ! trop tard ,
C'est le vieillard.   (*bis.*)

Quand le peuple , aux fêtes publiques ,
Voit sur le front des vétérans
Le verd des couronnes civiques
Se marier aux cheveux blancs ,
Ce tableau sublime ,
Lui plaît et l'anime ;
Il chante en chœur de toutes parts ,
Gloire aux vieillards.   (*bis.*)

Les jeunes élèves ont été invités d'offrir

en hommage aux vieillards, les prémices de leurs talens.

Aussitôt de jeunes citoyens ont déposé leurs habits, ont couru sur des fleurets, se sont élancés sur une espèce d'estrade, et au son d'une musique militaire, ils ont essayé leurs forces et déployé leur adresse avec beaucoup de grace. Ils sont ensuite venus offrir leurs fleurets aux vieillards, et ont reçu du président le baiser fraternel et un bouquet.

A l'escrime a succédé une démonstration de géométrie, opérée avec succès par un jeune citoyen de la pension des citoyens Guillaume fils, ainsi que les précédens, et, comme eux, il a reçu un bouquet, au milieu des applaudissemens de l'assemblée.

Cette démonstration a été suivie par les couplets suivans :

Jour heureux, ô jour de tendresse !
Où le zèle insp're nos chants ;
Pour bien célébrer la vieillesse,
Unissons nos foibles accens.
Le noble exemple qu'on nous donne
Nous fait chérir les bonnes mœurs ;
A la vertu que l'on couronne
Présentons aussi quelques fleurs.

Dans les yeux de nos vieillards sages
On voit sourire la gaîté ;

Les passions et leurs orages
N'ont point affoibli leur santé.
Les soins, le travail et l'étude
Ont pesé sur leurs cheveux blancs,
Mais ils ont moins d'inquiétude
En s'appuyant sur leurs enfans.

La bonne mère de famille,
Qui n'eût d'attraits que la bonté,
Loin de l'art indique à sa fille
Les charmes de l'aménité ;
Simple, douce et sensible,
Sa vieillesse sait plaire encor,
Et retrace en son air paisible
Cet heureux tems de l'âge d'or.

Evitant ce triste Héraclite,
Pleurant sur nos foibles travers,
Et ce caustique Démocrite,
Timpanisant tout l'univers ;
Nos vieillards surent toujours plaire,
Par les grâces et l'enjouement
De Fontenelle et de Voltaire,
D'Anacréon, toujours chantant.

Répétons nos chants d'allégresse ;
De fleurs formons de doux liens,
Entourons l'aimable vieillesse,
Servons-lui toujours de soutiens.
Céleste amitié, par ta flamme,
Anime, soutiens nos efforts ;
La patrie, en guidant notre ame,
Applaudit à tous nos transports.

Par le citoyen VRAGON.

Ces couplets , chantés avec grace par de jeunes citoyennes , élèves du citoyen Verron, leur ont aussi mérité l'accueil le plus encourageant.

Ces exercices ont été terminés par un morceau de musique que la citoyenne *Vincent*, âgée de six ans et demi , a exécuté sur un forté-piano , et tous les assistans lui en ont témoigné leur satisfaction par de nombreux applaudissemens.

L'intérêt particulier que les vieillards respectables qui en étoient l'objet ont pris à ces divers exercices , en augmentoit le charme, et n'en a pas été la récompense la moins flatteuse.

Après un bruit de trompettes et de tambours , le commissaire du Directoire exécutif s'est levé et a dit :

« Qui que vous soyez , citoyens , étrangers, vous tous qui , conduits par une piété vraiment filiale, venez dans ce temple payer à la vieillesse le tribut que lui doit le jeune âge, soyez bénis ! Puissent vos heureux enfans , glorieux imitateurs de votre religieux exemple , vous rendre, après un long cours d'années prospères , un hommage aussi tendre que celui que vous offrez dans ce moment à vos vénérés pères.

» Honneur au sénat qui a institué cette solemnité touchante. (*fanfare.*)

» Honneur au gouvernement qui, attentif à saisir tout ce qui peut contribuer à raviver l'esprit public, à purifier les mœurs, à resserrer les liens sociaux, s'est, pour ainsi dire, fait un devoir de convoquer, de réunir les siècles passés dans cette enceinte pour servir à l'instruction de la génération présente. (*fanfare.*)

» Honneur à la municipalité (1), dont le zèle civique s'est en quelque sorte surpassé pour ne présenter à la reconnoissance nationale que des hommes dignes, par leurs talens, de notre estime, de notre confiance, par leur conduite, de nos respect, par leurs vertus. (*fanfare.*)

» Loin, bien loin ces simulacres d'hommes, ces enfans de soixante ans qui, engagés encore dans leurs langes mystiques, traîneront jusqu'au tombeau les liens superstitieux dont d'astucieux Druïdes entourèrent leur berceau.

» Eloignez-vous aussi vous qui, flétris des chaînes de l'esclavage, du type de la royauté, êtes le scandale de la jeunesse et l'opprobre des hommes de votre âge, hâtez-vous, fuyez la terre de liberté: semblables à l'arbre de Java, votre ombre seule est mortelle.

---

(1) La municipalité étoit alors composée des citoyens Guebert, Courtois, Prouteau, Huyot, Lesueur et Porché.

» Ce n'est pas pour des Fakirs, ce n'est pas pour des Illotes que ces fleurs ont été cueillies , elles seroient flétries par leur souffle.

» O vous ! dont les mains bienfaisantes nous nourrissent, et dont les fils valeureux nous défendent (1); vous qui, pendant soixante ans, avez pâli sur la science des nombres (2), pour l'utilité de l'agriculture , de l'art militaire, de la navigation et du commerce ; vous tous qui nous avez constamment instruits par vos préceptes et édifiés par vos exemples , sincères amis de la liberté , véritables colonnes de la République, approchez, c'est pour vous, c'est à votre gloire, c'est en votre nom que la voûte éthérée retentit, c'est pour augmenter notre allégresse , c'est pour célébrer dignement votre fête , que les enfans des arts (3) font résonner ce temple de leurs voix mélodieuses, que nos braves frères d'armes, que les vainqueurs des rois sont ici réunis par les ordres pieux de leur illustre

____

(1) Le citoyen Lefévre, laboureur, âgé de 80 ans.

(2) Le citoyen Delalande, l'un de nos premiers géomètres.

(3) Les artistes de l'Opéra.

chef (1) ; c'est pour vous que l'innocence tient ces couronnes qui ont été tressées par les mains de la plus tendre, de la plus respectueuse amitié.

» Puisse votre carrière et longue et fortunée, nous permettre long-tems de profiter de vos conseils, de votre expérience. Nouveaux dédales, guidez nos pas dans le labyrinte du monde ; sans vous, nous le savons, nous courons sans cesse le risque d'éprouver le sort d'Icare.

» Les dehors quelquefois austères de votre honorable vieillesse, ne nous rebuteront pas, avec un peu de tems, sous les traits de Mentor, nos yeux plus exercés reconnoîtront facilement Minerve.

» Père d'Emile, défenseur des Calas, Pindare français, auteurs de la constitution de l'an 3, génies bienfaisans qui avez travaillé pour la vertu, pour la République, qui avez combattu, qui combattez sans cesse les ennemis de la patrie, agréez en ce jour nos hommages

---

(1) Le général Moulin avoit envoyé au cinquième arrondissement, pour assister à la fête, l'effroi de toute l'Allemagne, la deuxième demi-brigade de cavalerie, ci-devant Chamboran, et la vingt-huitième demi-brigade d'infanterie.

sincères. Le sentiment qui les dicte les rend dignes de vous être offerts.

» Enfans, apportez des fleurs et couvrez-en ces sages.

(*De jeunes citoyennes s'élançant aussitôt vers les vieillards, font voler sur eux à flocon les fleurs qui remplissent leurs corbeilles*).

» Touchez avec respect ces cheveux qu'ont blanchi cent hivers.

» Baisez avec transport ces mains laborieuses qui ont assuré votre existence et préparé votre liberté.

» Enfans de tout sexe, de tout âge, guerriers, citoyens, magistrats, levez-vous, inclinez-vous .... Honneur aux pères de la patrie !....

(*A l'instant la municipalité et tous les fonctionnaires publics se sont levés spontanément et ont, dans un religieux silence, exprimé aux vieillards le sentiment profond de vénération dont le commissaire du Directoire exécutif étoit l'organe*).

» *Guerre à mort au gouvernement d'Angleterre....*

» *VIVE LA RÉPUBLIQUE* ».

Les applaudissemens qui ont accompagnés ce discours, n'ont cessés que pour laisser entendre la voûte du temple retentir du pas de charge et du carillon national, exécutés par la musique militaire et les tambours réunis.

Ensuite, des artistes ont chanté l'hymne suivant, du citoyen Plancher Valcour :

AIR : *Tandis que tout sommeille.*

Que l'on prête en silence
L'oreille à nos accords !
Modérez vos transports,
Beauté, jeunesse, enfance !
   Nous célébrons,
   Nous couronnons
La vertu, la sagesse ;
Émus, saisis à son aspect,
D'un ton timide, circonspect,
Et pénétrés d'un saint respect,
   Nous chantons la vieillesse.

Rome, Olympie, Athènes,
Thèbes, Sparte et Lesbos,
Couronnoient les héros
Qui brisèrent leurs chaînes ;
   Ils célébroient,
   Ils honoroient,
La beauté, la jeunesse.
Aussi fiers, mais beaucoup plus grands,
Plus justes, plus reconnoissans,
Les républicains triomphans
   Célèbrent la vieillesse.

Au sentier de la vie,
Guidant nos pas tremblans,
Voyez les soins touchans
D'une mère attendrie !

Heureux époux,
Dont nœud si doux
Couronna la tendresse ;
A ces soins touchans, à son cœur,
Tu dois l'objet de ton ardeur !
Saches, pour prix de ton bonheur,
Respecter sa vieillesse !

Si toujours la victoire,
Fidèle à nos guerriers,
De forêts de lauriers
Ombragea notre gloire,
Si, sous nos lois,
On vit les rois,
Confesser leur foiblesse,
C'est à vous, vieillards vertueux,
Oui, c'est à vos soins généreux
Qu'on doit ces guerriers valeureux !
Honneur à la vieillesse !

Brisant le joug antique
Qui pesoit sur nos fronts,
A vos sages leçons
On dut la République.
De nos succès,
Faisons, Français,
Hommage à leur sagesse !...
Recevez nos justes tributs,
Nous vous offrons vos attributs ;
Oui, la couronne des vertus
Est due à la vieillesse.

Cet hymne fini , le président a couronné , au son de la musique et des tambours, et au milieu des applaudissemens universels , les citoyens ,

Jean Lefévre , agriculteur , âgé de 80 ans , demeurant rue des Récolets , n°. 7 , division de Bondy ;

Etienne - Charles Delalande , ancien professeur de mathématiques , âgé de 69 ans , rue Neuve-Sauveur , n°. 332 , division de Bonne-Nouvelle ;

Pierre-Antoine Desloges , lieutenant à la suite , âgé de 62 ans , rue Denis , n°. 45 , division de Bon-Conseil ;

Marie-Anne Landa , femme Labarrière , âgée de 76 ans , rue Neuve-Egalité , n°. 315 , division de Bonne-Nouvelle ;

Et Marie Dumoulin , femme Basset , âgée de 74 ans , rue Tireboudin , n°. 15 , division de Bon-Conseil ;

Lesquels avoient été choisis au scrutin , pour être proposés en exemple à leurs concitoyens, conformément à l'article 2 de l'arrêté du Directoire exécutif, du 27 thermidor an 4.

Les impressions produites par ce couronnement , par l'attendrissement des vénérables objets au-devant desquels voloient tous les cœurs , et par la succession rapide des différentes circonstances de la cérémonie, ont reçu un nouveau degré d'intensité , et sont venus se fondre, pour ainsi dire, dans un seul sentiment ; lorsque l'assemblée toute entière debout, a entendu, dans un saint recueillement, le couplet : *Amour sacré de la Patrie.*

Elles n'ont point été affoiblies par les accens fortement prononcés, avec lesquels un artiste, animé de cet amour ardent pour son pays, a appelé la vengeance contre les tyrans des mers, dans ces strophes, que l'orgue accompagnoit :

Aux armes ! Qu'aux chants de la paix
Succède l'hymne des batailles.
Aux armes ! Loin de nos murailles
Précipitons nos rangs épais.
Qu'importe l'Europe vaincue,
Qu'importe la foule éperdue
De ces rois tremblans devant nous ?   (*bis*)
La paix nous est-elle permise ?....
L'affreux brigand de la Tamise
N'a pas succombé sous nos coups.   (*bis.*)

C'est lui, qui des peuples armés,
Soudoya les hordes serviles ;
Par lui, de nos guerres civiles,
Les flambeaux furent allumés ;
Des bourreaux de notre patrie,
Son or suscita la furie,
Sa main éguisa les couteaux ;   (*bis.*)
Nos revers, notre aveugle rage,
Nos crimes, tout fut son ouvrage :
De la France il fit tous les maux.   (*bis.*)

Jusques aux deux mers
Que ce cri sacré retentisse !
Vengeance ! Nous ferons justice
A Londre , à nous , à l'univers ;
Artisan des malheurs du monde ,
Trop fier dominateur de l'onde ,
En vain crois-tu nous échapper ;   (*bis.*)
Sur tes rochers inaccessibles ,
Le géant , de ses bras terribles ,
Va te saisir et te frapper.   (*bis.*)

Vainqueurs d'Hondscot, de Weisseimbourg ,
Héros de Fleurus et d'Arcole ,
Triomphateur du Capitole ,
De Quibéron , de Luxembourg ;
Sous les drapeaux de l'Italique ,
Vous tous , fils de la République ,
Joignez vos saints ressentimens ;   (*bis.*)
Sûrs , malgré les flots , les tempêtes ,
D'atteindre les coupables têtes
Que vont dévouer nos sermens.   (*bis.*)

Ces impressions, enfin, ont reçu une teinte
plus douce et plus touchante, et ont pris le
caractère d'un aimable abandon, au moment
où de jeunes citoyennes, les mêmes qui avoient
déjà chanté des couplets, ont fait entendre la
ronde suivante :

C H Œ U R.

Suspendóns la course du tems ,
Fixons-le par notre enjouement ;
Que la gaîté , de toutes parts ,
Brille à la fête des vieillards.

L'humanité sensible
Applaudit à nos jeux,
Et l'amitié paisible
Rend ces momens heureux.

C H Œ U R.

Suspendons, etc.

De l'honneur d'un grand âge
Chérissons le bienfait,
Pour qui sut être sage
Il n'est point de regret.

C H Œ U R.

Suspendons, etc.

Parcourant sa carrière,
Le vieillard citoyen
N'a de bonheur sur terre
Qu'en s'occupant du bien.

C H Œ U R.

Suspendons, etc.

La prudente vieillesse
Fait aimer la raison ;
O vous, tendre jeunesse!
Ecoutez sa leçon.

C H Œ U R.

Suspendons, etc.

Si la saison des grâces
Donne de vains desirs ,
L'hiver , malgré ses glaces ,
Offre de vrais plaisirs.

C H Œ U R.

Suspendons , etc.

Par le citoyen VERRON.

Le Chant du départ a annoncé que la cérémonie étoit terminée , et la douce joie qui
s'épanouissoit sur tous les visages, a manifesté
les sentimens que cette auguste solemnité avoit
imprimés dans tous les cœurs.

Le cortège est rentré à la municipalité dans
le même ordre qu'il étoit venu , les vieillards
couronnés étant placés au milieu des membres de l'administration.

Elle a offert à ces dignes objets de la vénération publique, un banquet fraternel où a
présidé une aimable gaîté , et où ont été portés
les toasts à la République , à la Constitution
de l'an 3, et guerre à mort au gouvernement
anglais.

Ensuite les membres de l'administration
nommés commissaires à cet effet , les ont
conduits, dans des voitures , au spectacle du
théâtre de la République et des Arts , d'où ils
les ont reconduits , en voiture également, à
leur domicile respectif.

Du tout a été dressé le présent procès-verbal, et ont signé le président, les administrateurs et le commissaire du Directoire exécutif.

Ainsi signé, GUEBERT, président; LESUEUR, HUYOT, COURTOIS, PORCHÉ et PROUTEAU, administrateurs; et TOBIE, commissaire du Directoire exécutif.

Pour copie conforme,

F. RICOU, secrétaire en chef.

de l'Imprimerie de LEMAIRE, rue d'Enfer, N°. 141.

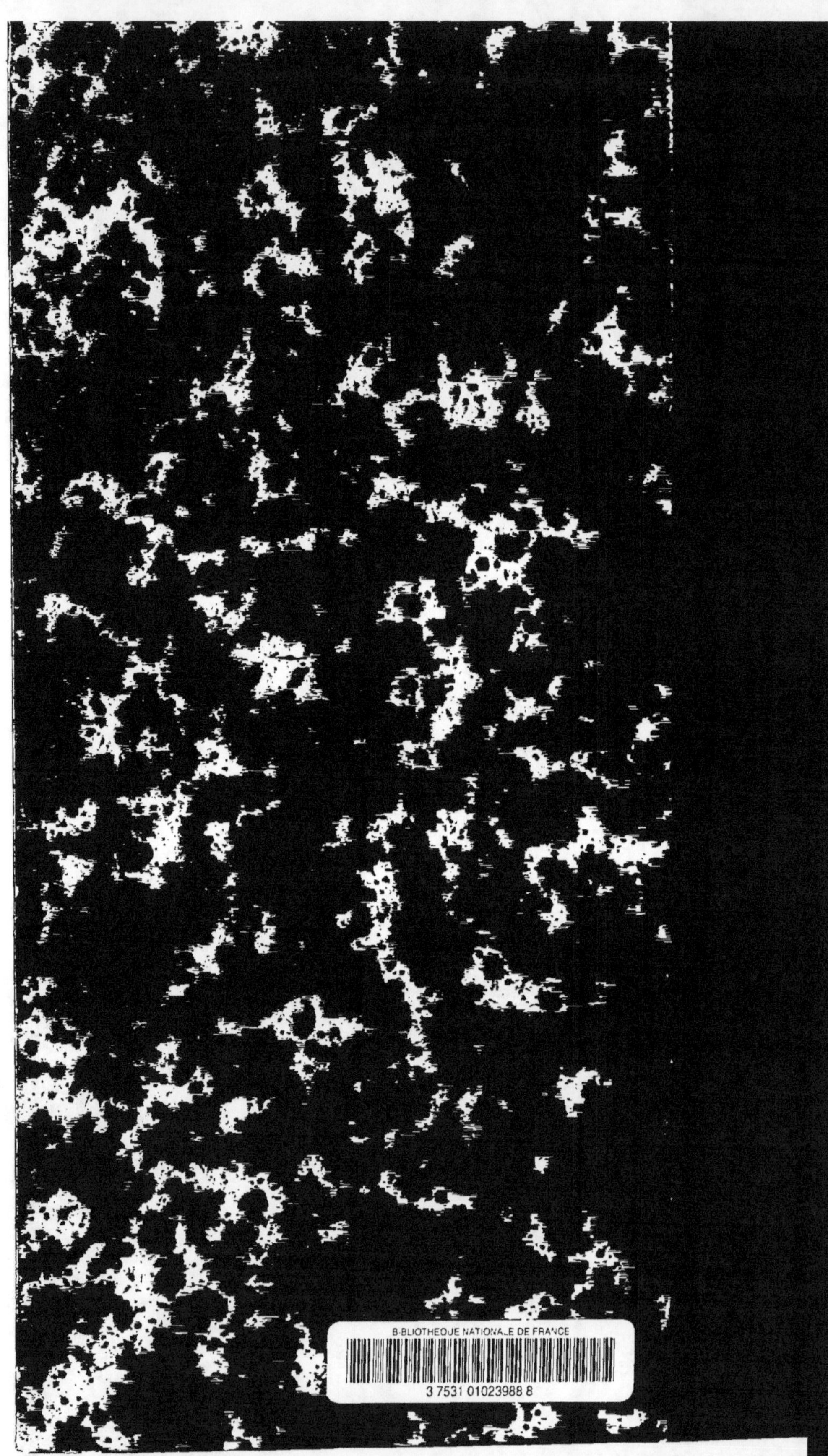

www.ingramcontent.com/pod-product-compliance
Lightning Source LLC
Chambersburg PA
CBHW051743050726
47598CB00003B/1321